EXAMEN CRITIQUE

D'UNE

PROPOSITION DE LOI

RELATIVE A LA

RESPONSABILITÉ DES ACCIDENTS

DONT LES OUVRIERS PEUVENT ÊTRE VICTIMES

DANS L'EXERCICE DE CERTAINES PROFESSIONS.

PAR A. BELLAIGUE

Docteur en droit,
Ancien Président de l'Ordre des avocats au Conseil d'État
et à la Cour de cassation,
Président du bureau d'Assistance judiciaire près la Cour de cassation.

(EXTRAIT DE LA GAZETTE DES TRIBUNAUX DES 14 ET 16-17 JUIN 1884.)

PARIS

IMPRIMERIE ET LIBRAIRIE CENTRALES DES CHEMINS DE FER

IMPRIMERIE CHAIX

SOCIÉTÉ ANONYME AU CAPITAL DE SIX MILLIONS

Rue Bergère, 20

1884

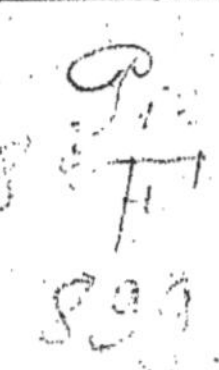

EXAMEN CRITIQUE

D'UNE

PROPOSITION DE LOI

RELATIVE A LA

RESPONSABILITÉ DES ACCIDENTS

DONT LES OUVRIERS PEUVENT ÊTRE VICTIMES

DANS L'EXERCICE DE CERTAINES PROFESSIONS

PAR A. BELLAIGUE

Docteur en droit,
Ancien Président de l'Ordre des avocats au Conseil d'État
et à la Cour de cassation,
Président du bureau d'Assistance judiciaire près la Cour de cassation.

(EXTRAIT DE LA GAZETTE DES TRIBUNAUX DES 14 ET 16-17 JUIN 1884.)

PARIS

IMPRIMERIE ET LIBRAIRIE CENTRALES DES CHEMINS DE FER

IMPRIMERIE CHAIX

SOCIÉTÉ ANONYME AU CAPITAL DE SIX MILLIONS

Rue Bergère, 20

1884

EXAMEN CRITIQUE

D'UNE PROPOSITION DE LOI

RELATIVE A LA

RESPONSABILITÉ DES ACCIDENTS

Dont les ouvriers peuvent être victimes dans l'exercice de certaines professions.

(3ᵉ rapport de la Commission, présenté à la Chambre des députés le 16 février 1884, par MM. Alfred Girard et Martin Nadaud. — *Documents parlementaires*, mars 1884, p. 250 à 272, annexe n° 2634.)

Le projet dont la Chambre des 'députés est aujourd'hui saisie, a été précédé, depuis quatre ans, de vingt-cinq propositions de loi, contre-projets et amendements. La discussion engagée à deux reprises, en séance publique, a entraîné deux ajournements et deux renvois à la Commission.

Il y a pour le législateur bien des manières d'être injuste ; il n'y en a qu'une d'être juste. Nous pensons que le Code civil a pris cette unique manière, tandis que la troisième proposition soumise aujourd'hui à la Chambre n'est qu'un des nombreux modes d'injustice en présence desquels hésite le législateur. (*)

Espérons que ces hésitations aboutiront à un rejet de la proposition de loi ou à un troisième

----

(*) « Prendre aux uns pour donner aux autres, violer « la liberté et la propriété, c'est un but fort simple ; « mais les procédés peuvent varier à l'infini. »
Bastiat ; *Harmonies économiques*, t. VI p. 123.

ajournement, qui cette fois sans doute serait, comme le dit le rapport, *un définitif avortement.*

Dans l'état actuel de notre législation, la responsabilité des patrons ou chefs d'entreprise vis-à-vis de leurs ouvriers, en cas d'accidents, est *réglée* par le droit commun, c'est-à-dire par les dispositions très générales : 1° des articles 1382 et suivants du Code civil, qui rendent chacun responsable du dommage causé par sa faute, ainsi que par la faute ou le fait des personnes, des animaux ou des choses dont il a la garde ou l'entretien ; 2° de l'article 1315 du même Code qui impose à celui qui réclame l'exécution d'une obligation la charge de prouver le fait générateur de l'obligation. Peu importe, d'ailleurs, que l'obligation naisse d'un contrat, d'un délit ou d'un quasi-délit.

Faisant l'application de ces principes généraux à la matière du louage de services, la jurisprudence décide que l'ouvrier, victime d'un accident, a droit à la réparation du dommage causé, s'il prouve que l'accident a pour cause la faute du patron. Elle exige, d'ailleurs, de ce dernier, les soins vigilants d'un bon père de famille.

L'imprudence de l'ouvrier ne suffit pas a décharger le patron de toute responsabilité, s'il n'est pas lui-même à l'abri de tout reproche. La faute commune peut et doit sans doute atténuer les conséquences pécuniaires de la responsabilité qui pèse sur le patron ; mais, c'est seulement lorsque l'accident provient soit d'une faute exclusivement personnelle à la victime, soit d'un cas fortuit ou de force majeure, que la jurisprudence refuse toute indemnité. (Voir en ce sens Besançon, 30 mai 1874, S. 75, 1, 204 ; Dijon, 27 avril 1877, S. 78, 1, 443; Cas. Req. 8 février 1875, S. 75, 1, 204 ; civ. 20 août 1879, S. 80, 1, 55, et les décisions citées à la

suite du rapport de la Commission Doc. parl.,
p. 271.)

Le projet de loi aggrave la situation du patron
par deux dispositions principales : la première, qui
fait l'objet du titre I, met à la charge du patron
la preuve de la faute de l'ouvrier ou de la force
majeure ; la seconde, qui fait l'objet du titre II,
organise une responsabilité nouvelle du patron, en
cas d'accidents causés par la faute exclusivement
personnelle de l'ouvrier ou par la force majeure.

Cette seconde innovation est de beaucoup la plus
grave ; nous parlerons d'abord de la première afin
de suivre l'ordre du projet de loi.

I.

L'article 2 du titre 1 est ainsi conçu :

Dans les usines, manufactures, fabriques, chantiers,
mines et carrières, entreprises de transport, et en outre
dans les autres exploitations de tout genre où il est fait
usage d'un outillage à moteur mécanique, le chef de
l'entreprise est présumé responsable des accidents surve-
nus, dans le travail, à ses ouvriers et préposés.

Mais cette présomption cesse, lorsqu'il fournit la preuve,
ou bien que l'accident est arrivé par force majeure ou
cas fortuit qui ne peuvent être imputés, ni à lui, ni aux
personnes dont il doit répondre, ou bien que l'accident a
pour cause exclusive la propre imprudence de la victime.

Avant de critiquer au fond le déplacement du
fardeau de la preuve, signalons deux défauts de
rédaction dont le premier n'est qu'une incorrection
sans grande conséquence, qui n'a sans doute pour
objet que d'adoucir par la forme la rigueur du fond.

Au lieu de dire avec l'alinéa 1er : le chef de l'entreprise est *présumé responsable* ; avec l'alinéa 2, *cette présomption cesse* ; il faudrait dire : le chef de l'entreprise *est responsable* ; *cette responsabilité cesse.*

La présomption en effet porte sur la faute et non sur la responsabilité qui n'en est que la conséquence. Aussi lorsque le Code civil édicte une présomption de faute, contre les père et mère, instituteurs et artisans, il s'exprime ainsi dans l'article 1384 :

Le père et la mère, les instituteurs et artisans *sont responsables* du dommage causé par leurs enfants mineurs..... leurs élèves et apprentis.

La responsabilité ci-dessus a lieu, à moins que les père et mère, instituteurs et artisans *ne prouvent qu'ils n'ont pu empêcher* le fait qui donne lieu à cette responsabilité.

Mais ce n'est là, disons-nous, qu'une incorrection qui ne tire pas à conséquence. En voici une plus grave : Pour faire cesser la présomption, l'article 2 exige du patron la preuve que l'accident a pour *cause exclusive* la propre imprudence de la victime. D'où il suit que la preuve d'une faute de l'ouvrier ayant contribué, dans la proportion des trois quarts ou des quatre-vingt-dix-neuf centièmes à l'accident, ne fera pas tomber la présomption de faute du patron, et laissera peser sur lui la responsabilité tout entière, par cela seul que l'imprudence de l'ouvrier ne sera pas la *cause exclusive* de son malheur.

C'est le renversement de la jurisprudence précitée, qui, nous l'avons vu, en cas de faute commune, partage la responsabilité.

Est-ce là cependant ce qu'ont voulu faire les auteurs du projet de loi? Non, évidemment, si nous consultons le rapport, qui, après avoir rappelé la jurisprudence relative au partage des responsabilités en cas de faute commune, dit expressément : « La Commission n'a pas voulu toucher à cette jurisprudence. Voilà pourquoi le texte du projet spécifie que, seule la faute exclusive de la victime déchargera *complètement* le patron » (*Doc. parlem.*, p. 257, col. 1 et 2).

Malheureusement le texte de l'article 2 ne dit pas cela, et en laissant peser sur le patron la présomption et la responsabilité, sauf le cas de preuve d'une faute *exclusivement* personnelle à la victime, il semble bien lui imposer, en cas de faute commune, la responsabilité tout entière sans le partage ou l'atténuation admise par la jurisprudence et par le rapport.

En sens inverse, la rédaction de l'article 1er est également vicieuse en ce qu'elle semble laisser en dehors de la loi nouvelle le cas où l'ouvrier n'est pas admis à réclamer une indemnité représentative *de l'intégralité du préjudice souffert*. Il est évident que la Commission n'a pas entendu refuser le bénéfice de la présomption édictée par l'article 2, et de la procédure sommaire édictée par l'article 3 à l'ouvrier qui, par le concours de son imprudence à l'accident, ne serait pas admis à réclamer une réparation *intégrale*, mais seulement une réparation partielle.

Pour mettre le texte d'accord avec les intentions de la commission et permettre l'application de la jurisprudence actuelle, il faudrait ajouter à l'article 2 un troisième alinéa ainsi conçu :

« La responsabilité doit être atténuée lorsque cette imprudence a été en partie la cause de l'accident. »

Il conviendrait également de remplacer les mots de l'article 1er : *une indemnité représentative de l'intégralité du préjudice*, par ceux-ci : *une indemnité à raison du préjudice*, ou mieux de supprimer l'article 1er tout entier, lequel n'est qu'un hors-d'œuvre et n'a, de l'aveu du rapport, d'autre objet que de maintenir le droit commun, sauf les dérogations relatives à la preuve et à la procédure édictées dans les articles 2 et 3.

Réduite à ces proportions, que la Commission ne paraît pas avoir voulu excéder, la présomption édictée contre le patron est-elle équitable ?

Nous ne saurions le penser. Condamner le patron toutes les fois qu'il n'aura pas prouvé la faute de l'ouvrier ou la force majeure, c'est mettre à sa charge tous les accidents de cette nature, quand la cause en restera inconnue, ou ne sera connue que des personnes intéressées à la dissimuler.

Or, il en est ainsi d'un grand nombre d'accidents. Il est certain d'abord que la victime est souvent seule à connaître la cause de l'accident et sa propre faute, quand il y a de sa faute. Le patron n'est pas là pour la constater ; les autres ouvriers occupés à leur travail ne surveillent pas leur camarade; ils sont d'ailleurs peu disposés à dénoncer son imprudence et à le destituer ainsi d'un recours pécuniaire dont ils ne voudraient pas être eux-mêmes privés en pareil cas.

Il est également vrai que la cause d'un certain nombre d'accidents reste inconnue de tous. Si, comme on l'a dit, dans la discussion, et comme l'a rappelé la Société Industrielle du Nord de la France, dans sa délibération du 26 juillet 1883, sur cent accidents, douze sont dus à la faute du patron, vingt à la faute de l'ouvrier, soixante-huit à des cas fortuits à des causes de force majeure ou à d'autres motifs inconnus, est-il juste de présumer coupable celui qui quatre-vingt-huit fois sur cent devrait être absous ?

Nous comprenons la présomption de faute édictée par l'article 1384 du Code civil contre les parents, les instituteurs et artisans, les maîtres et commettants, parce qu'ils ont la garde de leurs enfants, de leurs écoliers et apprentis, et le choix de leurs serviteurs et préposés.

Nous comprenons la responsabilité édictée contre les locataires par l'article 1733 et l'article 1734 (modifié par la loi du 5 janvier 1883) en cas d'incendie, responsabilité justifiée en droit romain comme en droit français par cette vérité d'expérience : *Incendia plerumque fiunt culpâ inhabitantium* ; et aussi par la nécessité de stimuler la surveillance des locataires pour prévenir un danger public.

Nous comprenons enfin qu'on exige du patron, comme le fait la jurisprudence, la preuve qu'il a pris toutes les précautions que commande la prudence, tous les soins d'un bon père de famille.

Mais aller au delà et le rendre responsable des accidents dont la cause reste inconnue soit par l'effet du hasard, soit par la dissimulation de la victime, c'est le charger injustement de la faute ou du malheur d'autrui.

Le rapport allègue que, dans l'état actuel de la législation, l'ouvrier n'obtient pas toujours satisfaction, « parce qu'il ne peut pas toujours établir judiciairement la faute de l'employeur. »

Sans doute c'est un malheur ; mais à ce malheur que la sévérité de la jurisprudence vis-à-vis des chefs d'industrie rend très rare, faut-il substituer une injustice légale, en disant avec le rapport : « L'employé obtiendra invariablement l'indemnité, parce que l'employeur ne pourra pas démontrer l'existence soit d'une faute de la victime, soit de la force majeure » ?

Le rapport cherche vainement à justifier l'innovation qu'il propose, soit par la multiplication des moteurs mécaniques et des dangers qu'ils entraînent, depuis la promulgation du Code civil, soit par la déclaration des chefs d'industrie eux-mêmes qui réclameraient ou admettraient l'innovation.

Le premier motif est évidemment sans portée, en ce qui touche les industries anciennes, comme celles des mines et des carrières, qui n'offraient pas moins de dangers en 1804 et en 1810 que de nos jours, industries que l'article 2 croit cependant devoir soustraire au droit commun.

En ce qui touche les industries nouvelles, on ne voit pas davantage comment la multiplication des industries dangereuses ou la multiplication des dangers dans certaines industries peut faire qu'une loi, bonne pour régler, au point de vue de l'administration de la preuve, les conséquences des accidents causés par dix industries anciennes, soit mauvaise pour régler les conséquences des accidents causés par cent industries nouvelles.

« Ce qu'il faudrait montrer, dit judicieusement un savant professeur à la Faculté de droit de Lyon (*), ce qu'il faudrait montrer pour être en droit d'affirmer que les règles de la responsabilité sont surannées et insuffisantes, c'est qu'il y a aujourd'hui des industries dans lesquelles les accidents résultent de certaines conditions du travail absolument nouvellés, inconnues jusqu'à présent. Croit-on y être arrivé quand on compare une profession devenue dangereuse à cette même profession lorsqu'elle ne l'était pas?

« Qu'on rapproche d'une industrie périlleuse, de-

____

(*) **M.** Marc Sauzey. *Revue critique de législation et de jurisprudence.* 1883. T. XII, p. 599.

puis l'application de la vapeur comme force motrice, par exemple, une autre industrie qui, de tout temps, par le jeu des forces naturelles, a exposé à des dangers permanents la vie des ouvriers. Et alors, que verra-t-on? C'est que rien n'est changé dans les relations du patron qui entreprend un travail dangereux avec l'ouvrier qui l'exécute.

« Il y a deux mille ans, le citoyen romain qui exploitait une carrière à pic assumait, vis-à-vis des ouvriers qu'il pouvait engager, la même responsabilité que celle qui peut peser aujourd'hui sur un entrepreneur du même travail. Et je ne vois pas que cet entrepreneur, qui soumet à chaque minute ses ouvriers à l'action directe et menaçante de cette force naturelle irrésistible, la pesanteur, puisse être considéré théoriquement comme plus ou moins responsable que le tisseur dont les ouvriers sont exposés à l'échappement des navettes, que les compagnies de chemins de fer dont les employés courent le risque, les uns d'être tamponnés par les wagons qu'ils manœuvrent, les autres d'être broyés dans un déraillement ou une explosion. »

Le second motif tiré des délibérations de diverses sociétés industrielles, syndicats ou chambres de commerce, nous semble méconnaître la portée de ces délibérations, qui visent un double but : 1° faciliter à l'ouvrier la recherche de la vérité ; 2° accélérer les instances.

Ce double but paraît atteint, soit par l'octroi libéral de l'assistance judiciaire, qui depuis la loi du 30 janvier 1851, ne fait jamais défaut à l'ouvrier victime d'un accident, soit par l'article 3 du projet de loi, qui substitue la procédure sommaire à la procédure ordinaire.

Mais ce n'est pas faciliter la recherche de la vérité, c'est la supprimer et faciliter le gain d'un procès injuste, que d'édicter une présomption de faute contre le patron, dans l'intérêt de l'ouvrier. L'intérêt de l'ouvrier ! Tel est le véritable motif de la loi, qui peut être une loi de charité, mais qui n'est pas une loi de justice.

Cette vérité ressortira plus clairement encore de l'examen du titre II.

II

Le titre II impose au patron une responsabilité spéciale à raison du risque professionnel que court l'ouvrier. C'est ce que le rapport appelle la garantie du risque, par opposition à la garantie de la faute.

Là est l'innovation considérable, exorbitante, qui organise une véritable spoliation au détriment d'une classe de citoyens, et au profit d'une autre.

Un des grands principes de nos lois civiles et criminelles, c'est que les fautes sont personnelles à leurs auteurs et ne doivent pas retomber sur les innocents.

Le projet de loi méconnaît ouvertement ce principe, et ne craint pas d'imposer au patron une responsabilité spéciale à raison d'accidents auxquels il est absolument étranger, accidents imputables exclusivement à la faute de l'ouvrier ou de la nature (art. 4).

Le patron n'est affranchi de cette responsabilité qu'à une double condition : si la victime s'est exposée *intentionnellement* à l'accident, et s'il y a eu pour le chef de l'entreprise ou ses préposés impossibilité de l'en préserver (art. 5).

L'article 6 limite la responsabilité pécuniaire du

patron au chiffre de la pension qu'aurait obtenue la victime en versant une prime annuelle de 8 francs à la caisse d'assurances établie par la loi du 11 juillet 1868.

Les articles 7 et suivants organisent une procédure et une compétence exceptionnelles pour l'exercice du droit exceptionnel que le projet confère aux ouvriers.

Nous laisserons de côté les détails d'application pour ne nous occuper que du principe, si l'on peut appeler un principe ce qui, suivant nous, est la violation de tous les principes.

De quel droit demande-t-on au patron la réparation ou l'atténuation d'un dommage qui n'est pas causé par son fait, mais par le fait de la nature (la force majeure) ou par le fait de l'ouvrier ?

Le rapport, qui trahit tout à la fois les embarras et les habiletés d'un juriste, est bien forcé de convenir : « qu'il n'existe pas d'imputabilité véritable, qu'il ne peut être question de réparation intégrale du préjudice souffert ; qu'il s'agit simplement d'une assistance, d'un secours, dont on appréciera la modeste importance. »

C'est donc un droit à l'assistance qu'on édicte, non pas un droit à l'assistance publique, qui a ses dangers, mais qui du moins a ses tempéraments, non pas un droit dépourvu de sanction, qui ne permet à aucun indigent d'exiger *manu militari* le secours que la loi lui promet, mais un droit actif d'un individu sur un autre, qui, sans considération de la situation de fortune de l'un ou de l'autre, permet à l'ouvrier pauvre ou aisé de mettre *gratis* en mouvement la force publique pour exercer sur les meubles de son patron riche ou ruiné le privilège de l'article 2001. (Voir l'article 7 qui accorde de plein droit au demandeur le bénéfice de l'assistance judiciaire et l'article 10 qui lui accorde le privilège de l'article 2101 du Code civil).

Comment cherche-t on à justifier une pareille innovation ?

Par deux motifs qui ne supportent pas l'examen, quand on les dégage des formules spécieuses dont les enveloppe le rapport. Ces motifs se réduisent à ceci : Le patron doit payer parce qu'il est plus riche que l'ouvrier, et parce que le sacrifice proposé par la loi n'est pas considérable.

« Ce secours, dit le rapport (p. 259, col. 3), nous le mettons à la charge de l'employeur.

« C'est lui, en effet, qui retire le profit net du travail accompli.

« C'est lui qui décide souverainement l'installation, l'aménagement, le fonctionnement de l'exploitation industrielle, les transformations du matériel, l'introduction et la multiplication des moteurs mécaniques, en un mot qui choisit l'outil.

« C'est lui qui assume complètement la direction du travail.

« C'est lui enfin qui place l'ouvrier en face d'une tâche, dont celui-ci ne discute et n'a point à discuter les conditions. »

Par ces derniers mots, le rapport n'entend certainement pas représenter l'ouvrier comme un esclave, forcé de subir une tâche imposée par son maître. Il est trop évident que l'ouvrier est libre d'accepter ou de refuser le travail qu'on lui propose, et qu'il n'est pas attaché à l'atelier comme le serf à la glèbe. On veut dire sans doute que le chef de l'établissement a la haute main sur l'installation industrielle et la direction du travail.

Cela est certain et cela est nécessaire ; mais cela n'a aucune conséquence au point de vue de l'étrange responsabilité que la loi prétend imposer au

chef de l'é:ablissement, puisqu'il s'agit ici d'un accident absolument étranger aux vices de l'installation et de la direction.

Qu'importe que le patron soit le maître de l'installation et le directeur du travail, puisque cette
installation et cette direction sont supposées irré-
prochables, l'ouvrier seul ou la nature seule étant
coupable.

Si le danger de certaines industries était le fait
des industriels qui s'y livrent, on pourrait soutenir
que ces industriels en créant le danger, s'obligent
par cela même à secourir leurs ouvriers blessés.
Ces industriels répondraient sans doute que leurs
ouvriers sont libres de s'adresser ailleurs, et que
s'ils choisissent une industrie dangereuse, c'est
qu'elle leur présente certains avantages déterminés
par la loi de l'offre et de la demande (*).

Mais on ne peut soutenir que l'introduction ou
la multiplication des moteurs mécaniques et des
dangers qu'ils entraînent soit le fait de certains
industriels ou d'une certaine classe d'industriels.
C'est bien plutôt le fait des inventeurs et des sa-
vants qui en ont doté l'industrie. Qu'on aille donc

(*) Il n'est pas exact, comme on l'a soutenu dans la
discussion, que les dangers d'une industrie n'entrent
pour rien dans la détermination des salaires. M. Sauzey
dans l'article précité, p. 622 et 623, fait ressortir ce
qu'il y a de spécieux dans les comparaisons présentées
à la Chambre par M. Faure pour démontrer que les
dangers professionnels sont sans influence sur le taux
des salaires. Ramenant la question à ses véritables
termes, M. Sauzey suppose deux industries similaires et
contigues, l'exploitation de deux carrières, par exemple,
dont l'une présenterait peu de dangers et l'autre de
grands périls. « Il semble indéniable, dit-il avec raison,
que les ouvriers se présenteront dans la carrière la
moins dangereuse ; l'offre du travail y sera plus forte,
le salaire y baissera. »

leur demander la réparation du préjudice causé par leur science ou leur génie !

Comment ne voit-on pas que les progrès mécaniques et industriels, et par suite la progression du danger, sont des faits économiques, sociaux, naturels, qui s'imposent à tous les industriels et auxquels ils ne peuvent se soustraire sous peine de ruine. Ce n'est pas eux, c'est la société tout entière qui profite du bon marché amené par la multiplication des machines ; si le profit général entraîne des dommages particuliers, c'est à la société tout entière et non à une classe de la société qu'il faut en demander la réparation.

C'est ce qu'avait fait dans une certaine mesure le législateur de 1868, en organisant et en subventionnant les caisses d'assurances contre les accidents résultant des travaux agricoles et industriels.

On pouvait reprocher à la loi du 11 juillet 1868, qui grevait le budget de subventions plus ou moins considérables, ce qu'on a reproché plus d'une fois à l'empire, et ce dont le despotisme ne garantit pas les peuples, le socialisme d'Etat ; mais du moins ne pouvait-on lui reprocher l'exaction bien plus grave qui consiste à prendre à quelques-uns pour donner à quelques autres.

Le rapport se vante d'échapper au reproche dont est passible la loi de 1868. « Il n'est pas demandé une obole à l'Etat » dit-il à la page 262.

C'est un leurre ou une illusion. Car le projet conduit à l'assurance obligatoire dans les conditions de la loi du 11 juillet 1868 (voir les art. 6 et 8), et par suite à l'accroissement des subventions nécessaires au fonctionnement des caisses organisées par cette loi.

C'est la société tout entière, avons nous dit, en nous plaçant à un point de vue général, ce ne sont pas les industriels, qui profite des progrès mécaniques de l'industrie. Nous aurions pu ajouter que dans la société, c'est l'ouvrier qui en profite le plus, parce qu'il représente la majorité des consommateurs. Si nous nous plaçons maintenant au point de vue spécial des relations du patron et de l'ouvrier, nous verrons qu'il n'est nullement exact de dire, avec le rapport, que c'est le patron qui retire le profit net de l'ouvrage accompli.

Le profit du patron, c'est au contraire le profit brut, et il n'y a pour lui de profit net que si la recette excède la dépense.

A l'inverse, le profit de l'ouvrier est toujours un profit net, le salaire n'étant qu'un forfait qui garantit l'ouvrier contre les chances commerciales de l'entreprise, lesquelles pèsent exclusivement sur le patron.

Le raport n'entend pas sans doute subordonner le droit de l'ouvrier à l'existence d'un bénéfice net pour le patron. Qu'on ne parle donc pas de profit net, et qu'on ait le courage de dire tout haut ce que l'on pense et ce que l'on veut : Le patron représente la richesse et la minorité ; l'ouvrier la gêne et la majorité (*), il faut charger le patron pour décharger l'ouvrier.

La Commission, qui compte parmi ses membres et ses rapporteurs, au moins un jurisconsulte, a prévu les protestations que soulèverait une pareille doctrine.

(*) Nous ne disons pas la majorité *électorale*, par respect pour les auteurs du projet. Nous ne voulons en effet leur prêter qu'une pensée charitable.

« Je suppose qu'un moine est toujours charitable, » disait le bon Lafontaine. Nos représentants ne doivent pas nous être plus suspects que les moines ne l'étaient au fabuliste.

« De ces critiques qu'elle a prévues, dit le rapport (p. 260, col. 3), la Commission s'est sérieusement, longuement préoccupée. *Recherchant la justice*, elle serait la première à réprouver comme inique toute loi spoliatrice des uns à l'avantage des autres. Convaincue que la richesse publique a sa source dans l'activité de l'industrie nationale, elle répudierait absolument toute mesure susceptible non seulement d'entraver le fonctionnement de la grande industrie, mais simplement de contrarier son essor. Enfin, sympathiquement dévouée aux travailleurs, elle perçoit clairement que l'exagération inconsidérée des prétentions, par *delà les limites infranchissables du prix de revient du produit marchand*, conduirait fatalement à l'anéantissement du travail lui-même. »

Partant de là, le rapport se livre au calcul de la dépense qu'entraînera pour les patrons la garantie du risque ou l'assurance obligatoire, et comme cette dépense lui paraît peu considérable, il conclut à la justification complète du projet de loi.

Ainsi, de l'aveu de la Commission, ce sont des lois *iniques, que les lois spoliatrices des uns à l'avantage des autres.*

Mais, quand la loi n'est qu'un peu spoliatrice, elle cesse d'être inique !

Il en est ainsi surtout quand elle dépouille le riche au profit du pauvre !

Ainsi, dans le système de la Commission, tant que la loi *n'accable pas l'industrie française et ne la place pas dans des conditions d'infériorité vis-à-vis de l'industrie étrangère*, elle peut impunément imposer le patron au profit de l'ouvrier, jusqu'à ce qu'elle atteigne *les limites infranchissables du prix de revient*, c'est-à-dire jusqu'à ce que le patron travaille pour rien !

Mais, c'est la tarification légale du salaire, dont on proclame ainsi la légitimité jusqu'à l'anéantissement du bénéfice, dont le législateur fixera lui-même la mesure! C'est la charité légale substituée à la justice, la contrainte substituée à la liberté! C'est le législateur disant à l'un des contractants : « Vous gagnez trop ; à l'autre : Vous ne gagnez pas assez ; j'équilibre entre vous les profits, et du moment que je n'en taris pas la source, vous ne pouvez vous plaindre de la répartition. »

Nous ne connaissons que trop ces tendances inspirées par une fausse démocratie et par l'ignorance des lois économiques. Nous les avons déjà rencontrées et combattues, dans le projet de loi relatif aux rapports des compagnies des chemins de fer avec leurs employés, projet que le Sénat repoussera sans doute, et qui n'a pas subi devant la Chambre moins de péripéties, de remaniements et de protestations que le projet actuel.

Une fois sur cette pente, il est à craindre que le législateur ne s'arrête plus qu'à la ruine et à la révolution. Car la foule électorale dont il devient le serviteur plutôt que d'en rester le chef, n'est que trop disposée à croire que la loi peut impunément prendre aux uns pour donner aux autres. Tant qu'il restera une majorité de pauvres et une minorité de riches, il faudra dépouiller les seconds pour vêtir les premiers, jusqu'à ce que, sous prétexte d'égalité et de fraternité, mais au mépris de toute liberté, le législateur ait appesanti sur tous les citoyens le niveau de la misère universelle.

Si la loi est inique et spoliatrice, alarmante par les tendances qu'elle révèle chez le législateur et qu'elle encourage chez les classes les plus nombreuses et les moins fortunées, elle court grand risque de rester impuissante dans la pratique,

comme est demeurée impuissante la loi du 11
juillet 1868, que le projet s'efforce de vivifier par
la contrainte.

Le rapport suppose que la prime d'assurances de
8 francs par ouvrier, devenue indirectement obligatoire pour le patron, pourra paraître trop lourde
dans certaines industries, auquel cas : « rien n'empêcherait de partager le fardeau et d'en faire porter la moitié sur le salaire. »

Nous ne voyons même pas ce qui empêcherait le
patron de la faire porter tout entière sur le salaire.

Il est vrai que le dernier article du projet annule
toute convention contraire à la loi.

Mais ni la loi, ni le rapport, dans le commen-
taire qu'il donne de l'article 13, ne paraît prohiber
la convention en vertu de laquelle le patron prélè-
verait sur le salaire une somme de 8 francs, pour
faire face à la prime d'assurance.

A supposer que cette prohibition fût formelle-
ment édictée, rien ne serait plus facile que de
l'éluder par une réduction du salaire même supé-
rieure à la prime, et dont la véritable cause serait
dissimulée soit au juge, soit même à l'ouvrier.

C'est le propre des lois injustes et spoliatrices
d'exciter même les honnêtes gens à les violer et
d'altérer ainsi la conscience publique.

Tel serait le moindre défaut de la loi que nous
critiquons et dont l'adoption troublerait profondé-
ment tous les principes juridiques et économiques.

A. BELLAIGUE.

PARIS. — IMPRIMERIE CHAIX, RUE BERGÈRE, 20. — 15090-4.

IMPRIMERIE CENTRALE DES CHEMINS DE FER. — IMPRIMERIE CHAIX.
RUE BERGÈRE, 20, PARIS. — 15902-4.